Widmung

Dieses Buch widme ich den wahrnehmenden und denkenden Menschen, dass sie weiter beobachten und ihre Schlussfolgerungen mit anderen teilen mögen. Nur der Mensch der genau beobachtet wird zu genauen Schlussfolgerungen kommen, wenn er einen freien Verstand hat.

Es waren immer Ideen, die den Fortschritt und das Wohlergehen des Menschen bestimmt haben, nie rohe Gewalt oder Krieg.

Wolfgang Fries

Meine Philosophie

Impressum

Urheberrechte und Freigaben

Es wurde Schrifttum von L. Ron Hubbard verwendet. Das Hauptwerk „Im Leben bestehen - Die Bibel des 21sten Jahrhunderts", wiederherausgegeben als „Philosophie des Lebens - Das Buch der Grundlagen", aus dem ein Teil der in diesem Buch befindlichen Texte entnommen wurden, wurde den Rechte-Inhabern vorgelegt und es gab bisher keine Einwände gegen das Benutzen. Betroffene Textstellen sind mit (LRH) gekennzeichnet.

Buchgestaltung und Satz:

Wolfgang Fries, Talbrückstr. 2, 66629 Freisen
Kontakt: Friesway@online.de

Korrektorat:

Nico Reuter

Herstellung und Verlag:

BoD - Books on Demand
In de Tarpen 42
22848 Norderstedt; Deutschland

ISBN: 978-3-7460-2794-4

Taschenbuch, Softcover; 1. Auflage 2017

© 2017 für den Inhalt Wolfgang Fries
© 2017 BoD - Books on Demand GmbH, Norderstedt

Bibliografische Information der Deutschen Nationalbibliothek
Die Deutsche Nationalbibliothek verzeichnet diese Publikation in der Deutschen Nationalbibliografie; detaillierte bibliografische Daten sind im Internet über http://dnb.d-nb.de abrufbar.

Wichtiger Hinweis:

Achte beim Lesen dieses Textes darauf, dass Wörter die du nicht verstehst, nicht einfach übergangen werden. Wenn man einen Satz oder Text nicht versteht, gibt es ein Wort oder Wörter die man nicht verstanden hat, oder man hat eine falsche Definition für das Wort. Im Glossar* auf Seite 27 werden die in diesem Text mit einem Asterisken (*) markierten Wörter erklärt, es sind aber jeweils nur die Definitionen der Wörter wie sie im entsprechenden Satz verwendet werden – Wörter haben oft mehrere Definitionen, um vollständiges Verstehen über ein Wort zu erreichen, sollte es in einem guten Wörterbuch nachgeschlagen werden.

Meine Philosophie
(Vorwort zum Studium)

Was nutzt die Sprache, wenn man das Wort nicht versteht!

Der Mensch 8

Das Wesen 9

Überleben – Des Menschen Tun 10

Seinem Nächsten begegnen 11

Liebe 12

Glücklichsein 13

Arbeit 14

Verstehen 15

Bewusstsein 16

Die Fähigkeit zu Beobachten 17

Wahrheit 17

Freiheit 17

Der Kreislauf der Natur 18

Des Universums Spiel 18

Den Weg zu gehen 18

Von Gott zu Mensch 19

Denkanstöße 20

Epilog 20

Glossar 21

Über den Autor 23

Weitere Literatur 24

Der Mensch

Der Mensch erlebt diese Welt durch seinen Verstand. Wenn der Verstand des Einzelnen nicht in Ordnung kommt, kommt diese Welt nicht in Ordnung.

1. Der Mensch ist ein Produkt seiner Taten.
1. Er tut das, was er denkt. Wenn er denkt es nicht zu tun, tut er es nicht.
2. Der Mensch versucht nicht falsch zu tun.
3. Es gibt seltsame Handlungen. Somit gibt es seltsame Gedanken*.
4. Da der Mensch versucht nicht falsch zu tun und es doch tut, gibt es Gedanken die stärker erscheinen als der Mensch will.
5. Somit regiert der Gedanke den Menschen.
6. Somit ist der Mensch nicht immer Ursache über seine Gedanken.
7. Somit gibt es einen Teil im Menschen, der falsch zu tun ihn bestimmt.
8. Dieser Teil verwirrt ihn, er macht ihn klein, schwach und **krank.**
9. Krank sein, heißt falsch zu tun - was der Gedanke auch befiehlt. (Jahrmillionen Ingenieursarbeit ergeben einen Organismus der sich selbst heilt. Und doch wird er krank.)
10. Somit organisiert der Gedanke Materie.
11. Und der Gedanke wird von dem Wesen gedacht.
12. Alle Gedanken sind aus dem Gleichen gemacht, seien sie gut oder schlecht.
13. Der schlechte Gedanke lässt sich auflösen. Er stammt von den schlechten Erfahrungen die einst gemacht und der Mensch zuvor getan(!).
14. Somit wird man wieder groß, stark und gesund.
15. Und der Mensch muss nicht mehr Mensch sein.

Korollarium*:
Der Mensch ändert sich, wenn er seine Gedanken ändert.
Du änderst den Menschen, wenn du ihm hilfst seine Gedanken zu ändern.

Das Wesen

Weder Medikamente noch Nahrungsmittel werden dich von deinem Problem befreien. Denn nur der menschliche Geist ist in der Lage das Problem des menschlichen Geistes zu lösen!

1. Das Wesen ist nicht der Mensch.
2. Das Wesen ist die Person selbst, das was sich selbst bewusst ist.
3. Das Wesen erschafft Energie, es formt diese Energie zu Bildern, welche man Gedanken nennt.
4. Die Ansammlung dieser Bilder nennt man Verstand.
5. Intelligenz ist der Umgang mit Energie. Man nimmt die Bilder aus dem Verstand und setzt sie zu neuen Bildern zusammen. Somit haben wir die Fähigkeit, wahrgenommene Probleme zu lösen.
6. Seltsame Gedanken hindern Intelligenz.
7. Das Wesen verliert Intelligenz nicht, verringert sie aber.
8. Der Tod ist ein Mittel sich des nutzlos gewordenen Körpers zu entledigen.
9. Das Wesen geht nicht verloren. Es gibt dem neuen Körper die Energie sich zu entwickeln. Es sendet Energie über die Nervenkanäle zu den Muskeln, was in Bewegung resultiert.
10. Das Wesen nimmt den Verstand mit, „vergisst" ihn aber.
11. Das Wissen geht nicht verloren.
12. Das Wesen hat alle Fähigkeiten, diese werden jedoch durch Gedanken blockiert!

Meinem Meister zu Ehren, der mich erkennen ließ, dass ich bin und sein werde.

Überleben – Des Menschen Tun

In dieser Welt gibt es die „Gebildeten", die „Blinden" und die Sehenden.
Die Sehenden sehen was ist.
Die „Blinden" denken was sie sehen sollen.
Die „Gebildeten" schauen auf die Bildung die man ihnen gegeben hat, weder für sich schauend noch denkend.

Somit ist das Leben unter den „Blinden" und „Gebildeten" zu einer Disziplin des Denkens degradiert, da es nur so gelebt wird, wie diese denken – außer der Arbeiter, auf der Stufe unterhalb des „Blinden" der nur noch als Maschine funktioniert.

Was bleibt dem Menschen anderes übrig, da er nichts über das Leben weiß und er es nicht sehen kann. Auch der Sehende sieht es nicht, weil man das Leben nicht sehen kann, jedoch er weiß was es ist und muss es sich aus diesem Grund nicht denken.

1. Überleben bedeutet das Fördern des [eigenen] Daseins.
2. Um Leben zu können, bedarf es Dinge zu erstellen, die man zum Leben braucht: Nahrung, Kleidung, Geld usw..
3. Man muss fähig sein, ein Produkt zu erbringen, etwas was ausgetauscht werden kann. Selbst ein Lehrer hat ein Produkt: Einen ausgebildeten Schüler, der dem Leben begegnen kann.
4. Vor dem Erstellen des Produkts bedarf es einer Idee, wie das Produkt zu erstellen ist: Je genauer die Idee, desto genauer das Produkt oder Je spezifischer die Idee, desto spezifischer das Produkt.
5. Eine Idee beinhaltet Informationen. Diese Informationen können gelernt oder selbst ersonnen werden.
6. Durch ständiges Verbessern wird man konkurrenzfähiger und erhöht das Potential zum Überleben.
7. Je mehr man tun kann, umso mehr Überlebenspotential hat man.

Tatsächlich bedarf es drei Komponenten zum bestmöglichen Überleben: Bildung, Intelligenz und Vernunft. Intelligenz und Bildung lässt die Entwicklung einer alleszerstörenden Waffe zu - was Nicht-Überleben wäre - und nur die Vernunft verhindert den Einsatz!

Und über all dem thront nur noch eine Sache: Absicht – ohne Absicht geschieht nichts!

Seinem Nächsten begegnen

Wie verkehrt man mit seinem Nächsten? Es gibt so etwas wie Sitten und Gebräuche, also ein bestimmtes Verhalten, welches durch Regeln dargelegt ist – seien diese nun geschrieben oder nicht. Tatsächlich sind dies die Moralregeln, welche einen Anhalt zu richtig und falsch liefern sollen.

Kurzum, diejenigen, die den Führerschein gemacht haben, kennen wahrscheinlich §1 der Straßenverkehrsordnung. Es ist tatsächlich so, dass man innerhalb der Gesellschaft miteinander verkehrt, somit kann dieser Paragraph auch auf das gesellschaftliche Verkehren untereinander angewendet werden:

(1) Die Teilnahme innerhalb der Gesellschaft erfordert ständige Vorsicht und gegenseitige Rücksicht.

(2) Jeder Mitbürger hat sich so zu verhalten, dass kein anderer geschädigt, gefährdet oder mehr, als nach den Umständen unvermeidbar, behindert oder belästigt wird.

Bedenke der Sache, behandele deine Mitmenschen auf der Grundlage eines Freundes, noch ist er nicht dein Feind!

In Friedenszeit,

begegne deinem Nächsten mit freundlicher Gesinnung und in friedlicher Absicht. Erkenne an seinem Tun ob er eine Hilfe ist oder zum Ballast wird.

Handelt er in guter Absicht, hilf ihm seinen Fehler zu erkennen, so dass beim nächsten Mal es besser wird.

Ist der wirkliche Fehler gefunden und doch wird das Ziel nicht erreicht, gib ihm eine Aufgabe die er tun kann.

Kann er keine Aufgabe vollbringen, so lass ihn ziehen, damit er dir kein Unglück bringt.

Eine gemeinsame Absicht lässt Individuen Gruppen bilden.
Und jede Gruppe hat einen Führer.

Dieser Führer sollte allen anderen an Intellekt überlegen sein und durch Vernunft die Gruppe auf dem möglichst besten Weg zu einem gemeinsamen Ziel führen.
Versagt die Vernunft des Führers, versagt auch er.
Besonders er kann lernen.

Jedes Gruppenmitglied hat das Recht an die Vernunft des Führers zu appellieren.

Liebe

„Es ist nicht die Person, sondern eher das Gefühl. Man meint, wenn man die Person verliert, verliert man das Gefühl. Doch dieses Gefühl kann immer neu geschaffen werden. Es gibt so viel Liebe wie es Leute gibt."

1. Ein Gefühl was von jedem gewollt.
2. Doch keiner weiß, woher es kommt.
3. Es kann dem Menschen zu großem Glück verhelfen oder zu großem Leid.
4. Das Gefühl kommt nicht von dem Wesen selbst, sondern von dem, was Ihn zum Menschen macht.
5. Würde der Mensch selbst erkennen, aus was er gemacht, könnte er sich selbst erkennen und mit der Liebe den Weg bestreiten, der ihn bringt zu großem Glück.
6. Das Gefühl ist ein Gedanke. Und es sagt: „Sei zusammen!".
7. Es ist die eigene Tat, die dieses Gefühl zerbricht.
8. Und auseinanderzugehen heißt den anderen vor eigenem schlechtem Tun zu bewahren, weil man ihn nicht mehr verletzen will.
9. Eine Beziehung ist eine Entscheidung.
10. Diese Entscheidung ist, für den anderen zu sein. (Anmerkung: Man kann für oder gegen den anderen sein.)
11. Die Entscheidung wird durch „Tun" getragen. Hört man auf zu tun, verwelkt die Entscheidung.
12. Eifersucht wird durch die Angst getragen anders zu entscheiden. Sie kann auch zeigen was der andere gedenkt zu tun.
13. Der Schwache neigt zur Eifersucht.
14. Die Entscheidung des Starken wird bestehen. Sie wird durch Vernunft getragen.
15. Vernunft ist das Überleben der Person in Richtung Vergnügen.
16. Schmerz bedeutet unterliegen und auf Dauer nicht Überleben.
17. Kommunikation ist der Klebstoff der Beziehung und das Geheimnis die Trennung.

Es ist ein Einfaches sich zu verlieben. Aber um die Liebe zu erhalten bedarf es Verstehen. Wenn man sich nicht mehr versteht, zerfällt die Liebe. Es ist des Menschen vermasselter Verstand, welcher Verstehen beendet!

Glücklichsein

Das Leben gibt dir eine freudige Emotion, wenn du dem Leben hilfst zu leben. Frage wie sich die Frau fühlt, wenn sie ein Kind geboren hat, oder wie man sich fühlt, wenn man ein Haus gebaut hat, oder Dinge gut repariert worden sind. All dies trägt dazu bei, dass das Leben leben kann!

1. Glücklichsein ist des Menschen höchstes Bestreben.
2. Um glücklich zu sein nimmt der Mensch den Verlust von Freiheit in Kauf. Denn glücklich zu sein bedeutet das zu haben was man sich wünscht. Jedoch „zu haben" beendet den Zustand von Freiheit.
3. So verfiel der Mensch der Materie und dem Gefühl und schuf sein eigenes Gefängnis.
4. Materie und Gefühl können invertieren* und der Mensch ist erst dann wieder glücklich wenn er Materie oder Gefühl nicht mehr hat.
5. So stellen wir fest, dass wenn man Glücklichsein mit Materie und Gefühl in Verbindung bringt, das Glücklichsein genauso vergänglich ist wie diese.
6. Aber es gibt noch eine andere Form des Glücks.
7. Der Mensch ist durch Materie oder Gefühl in einer Wirkungsposition, da Materie oder Gefühl auf ihn einwirken.
8. Der Mensch kann Ursache sein! Er selbst kann Dinge verursachen.
9. Hat der Mensch eine Aufgabe die ihn erfüllt, die das Antlitz der Welt in Schönheit erhellt oder eine Aufgabe die die Tugenden des Menschen kultiviert* und somit das allgemeine Dasein verbessern oder eine Aufgabe die dafür Sorge trägt dass Dinge funktionieren und brauchbar sind, oder sonst irgendetwas was seinen Mitmenschen Freude bereitet, so wird der Mensch alleine durch diese Tätigkeit Befriedigung und Glücklichsein erfahren.
10. Somit stellen wir fest, dass der Mensch durch sein Tun sein eigenes Glück erschafft.
11. Und selbst derjenige der nur noch ein klein wenig Hoffnung hegt etwas zu erreichen, trägt noch immer ein Stück Glück in sich – wenn die Hoffnung versiegt, man vollständig aufgegeben hat, so hat man auch sein Glück aufgegeben.
12. Und der Mensch wird erkranken wenn Unterdrückung oder Gegenabsichten zu groß geworden sind um sein Glücklichsein zu erreichen, und er wird Wege gehen um aus dem Dasein zu scheiden, seien die Wege nun offensichtlich oder verdeckt – nur um dem Unglück zu entweichen.
13. Und der Mensch kann glücklich sein, wenn er stark ist und für sich die Grundlagen der Symbiose und der Vernunft erkennt und diese auch lebt – und so kann es ein Glücklichsein für jeden geben!

Die Unfähigkeit zu verstehen, Unwissenheit, Disziplinlosigkeit, Ungeschicktheit und Feigheit sind die Hauptfaktoren die dem Glücklichsein entgegenstehen.

Glücklichsein bedeutet etwas in Bewegung zu setzen: entweder zu einem hin oder von einem weg – man möchte Dinge haben oder loswerden!

Wie will man dies schaffen, wenn man von einer der obigen Eigenschaften geschlagen ist?

Arbeit

1. Sie ist da, um getan zu werden.
2. Wird sie getan, wird die Menschheit voran getragen.
3. Die Arbeit zu erkennen und dann zu tun wird dein Überleben sichern.
4. Komplexe Dinge teile auf, so werden sie transparent und berechenbar.
5. Beende eins nach dem andern.
6. Vor jedem Tun, entwickele eine Strategie. Minuten des Besinnens können Stunden der Arbeit sparen.
7. Sei auf dem Laufenden.
8. Jeder Fehler ist die Tür für einen Angriff.
9. Professionalismus heißt perfekt bis ins Detail.
10. Man hat Spaß an der Arbeit, wenn man sie wirklich kennt.
11. Gib Energie dorthin, woher du sie bekommst – wenn man seine Mitarbeiter schlecht behandelt oder schlecht bezahlt, wird man bald keine mehr haben.
12. Schreibe deine Arbeitsweisen und Erfahrungen auf, so bleiben sie dir auch morgen erhalten.
13. Du wirst das ernten, was du gesät.

Die Arbeit sehen?
Es beginnt damit, zur Kenntnis zu nehmen, was vor dir ist. Du siehst es und stellst dir die Fragen: „Gehört es dahin?" und „Ist es im richtigen Zustand?" Nun, bring es in Ordnung oder räume es weg, je nachdem.

Ebenso, wenn irgendetwas falsch läuft, sei es Zuhause, auf der Arbeit oder sonstige gesellschaftliche Angelegenheiten.

Die Arbeit zu sehen bedeutet auch einen Mangel festzustellen. Es fehlt etwas, was dem Menschen in einer Situation hilft weiterzukommen, bzw. wie man Abläufe optimiert.

To be or not to be? Sein oder Nicht-Sein?
Jedes Mal, wenn man sich entscheidet, die Arbeit nicht zu tun, ist ein Schritt in Richtung Nicht-Sein – Schau selbst, was wird auf Dauer geschehen, wenn die Arbeit nicht getan wird?

Verstehen

1. Der Mensch bedient sich des Wortes oder Symbolen, um Informationen zu übermitteln.
2. Bei der Information geht es um ein Konzept und nicht um das Wort. Das Wort soll dazu dienen das Konzept zu verstehen.
3. Jedes Wort beinhaltet ein Konzept. Worte zu einem Satz zusammenzufügen ergibt ein größeres oder genaueres Konzept. Sätze zu Büchern zusammenzufügen ergibt ein Gesamt-Konzept.
4. Ein Gesamt-Konzept besteht aus Dingen, Personen und Absichten. Der Mensch legt durch ein Gesamt-Konzept dar, was mit den Dingen geschehen soll.
5. Beim Verstehen geht es darum das Konzept zu verstehen, was mit dem Wort ausgedrückt werden soll, da Wörter nur ein Ersatz für Konzepte sind.
6. Und der Mensch wird nicht verstehen, wenn er nur Buchstaben oder Symbole in sich aufnimmt. Er wird dann verstehen, wenn er sich das übermittelte Konzept bildlich vorstellen kann – folglich versteht er, wenn er direkt beobachten kann. Worte und Symbole haben Spielraum, direkte Beobachtung nicht.
7. Und er versteht, wenn er den Zweck und die Absicht eines Gesamt-Konzepts erkennt.
8. Kraft, Wille und Logik sind zentrale Punkte des Verstehens in einem physikalischen Universum.
9. Verstehen ist den Dingen übergeordnet und der Mensch entscheidet danach ob er Dinge unterstützt oder vernachlässigt.
10. Und der Mensch kann nur dann richtig und falsch unterscheiden, wenn er verstanden hat.
11. Der Mensch wird nur gut überleben, wenn er richtig und falsch unterscheiden kann, denn die Summe der richtigen Entscheidungen ist bestimmend für seine Existenz.

Du bist den Dingen übergeordnet die du verstehst. Bei völligem Nicht-Verstehen ist man noch nicht einmal mehr in der Lage entsprechende Maßnahmen einzuleiten.

Und wenn man zu verstehen versucht, dann fragt man nach einer Logik – ein anderes Wort für Logik wäre Folgerichtigkeit. Man versucht also eine folgerichtige Verkettung der Zusammenhänge zu erkennen. So haben die verschiedenen Dinge dieses Universums ihre Logik, sei es nun die Physik mit der Wechselbeziehung von Kraft und Materie; Mathematik und Sprachen mit ihren Regeln; Gesetze; die Mechanik mit ihren Hebeln, Wellen und Zahnrädern; die Elektronik mit ihren

Kondensatoren*, Widerständen, Weichen und elektrischer Energie; die Musik mit harmonischen Tönen; etc., etc.; und natürlich der Mensch mit seinem Willen und Eigenarten. Der Mensch mag in seinem Handeln oftmals nicht logisch erscheinen, jedoch handelt er aufgrund seines Willens, Ideen und Überzeugungen.

Kennt man nicht den Willen, die Ideen und Überzeugungen der handelnden Person, so wird man auch keine Folgerichtigkeit erkennen. Logik kennt was den Menschen anbelangt zwei Richtungen: gut oder schlecht, bzw. richtig oder falsch und je nachdem wie der Mensch es selbst betrachtet sind Dinge gut oder schlecht – es ist eine Sache des Blickwinkels.

Bewusstsein

Man kann über etwas wissen, wenn man damit vertraut ist.

1. Man ist sich über etwas bewusst, wenn man darüber weiß. Bewusstsein erwächst durch Wissen.
2. Wissen ist Information.
3. Information erhält man durch sich selbst oder andere. (Man kann Bücher lesen oder seine eigenen Erfahrungen machen.)
4. Eine Information ist in dem Maße wertvoll, wie sie:
   - verstanden werden kann;
   - angewendet werden kann;
   - ein Ergebnis hervorbringt.
5. Meinung ist eine persönliche Auswertung von Daten.
6. Meinung verändert die Dinge nicht wie sie sind, kann aber den Wert verändern.
7. Der Wert einer Sache ist entscheidend ob sie gefördert wird.
8. Dinge sind dann von Wert, wenn sie die Definition von Symbiose erfüllen.
9. Symbiose ist das miteinander existieren zum gegenseitigen Nutzen.
10. Moral ist die Meinung der Menschen.
11. Moral verändert sich im Laufe der Zeit.
12. Moral gibt oft eine falsche Auswertung von Daten und ein entsprechendes Verhalten.
13. Ethik ist die Lehre über das Überleben – richtig und falsch.
14. Die Grundsätze der Ethik sind immer gleich.
15. Ethik ist zurzeit meinen Mitmenschen nicht ausreichend bekannt, deswegen ist der Mensch mehr moralisch als ethisch – er macht mehr Fehler, als dass er sinnig wäre.

Die Fähigkeit zu Beobachten

1. Beobachten ist nicht einfach schauen.
2. Beobachten heißt Dinge wahrzunehmen und Unterschiede festzustellen.
3. Die festgestellten Unterschiede dienen zur Auswertung von Daten.
4. Daten werden dadurch ausgewertet, in dem man sie mit Bekanntem vergleicht.
5. Der Mensch neigt dazu, eher zu denken als zu beobachten.
6. Beobachten bedeutet genau das zu sehen was da ist und nicht zu interpretieren, was noch da ist und wie es entstanden sein könnte.
7. Richtiges Beobachten führt zu logischem Denken.
8. Orientiere dich daran was da ist und nicht an dem was man darüber denkt.
9. Beobachtung ist die Quelle des Wissens!

Lerne zu beobachten und logisch schlusszufolgern anstatt einfach nur zu denken!

Wahrheit

Die Wahrheit besagt was mit den Dingen geschah. Die Zukunft ist ungewiss und findet im Jetzt ihren Anfang.

1. Wahrheit ist wie es ist.
2. Sie enthält Ort, Zeit, Form, Geschehen.
3. Der Starke ist fähig für die Wahrheit, weil er die Verantwortung nehmen kann.
4. Wahrheit und Weisheit sind dünn gesät. Sie werden durch die Vorteilnahme des einzelnen verwässert.
5. Dinge sind dann wahr, wenn sie für dich wahr sind.

Selbst die Lüge wird dich erleuchten, aber nur wenn du die Lüge als solche erkennst und mit der Wahrheit verglichen hast – somit wird die Lüge die Wahrheit festigen und lässt dich erkennen, mit wem du es zu tun hast!

Freiheit

Freiheit bedeutet von etwas frei zu sein, es bedeutet, es nicht zu haben.

Entscheidungsfreiheit und Selbstbestimmung? Freiheit bedeutet nicht all das zu tun, was man tun will, es verstößt gegen die Grundsätze der Gemeinschaft, dies wäre asozial.

Du wirst nur von dem angegriffen dem du Widerstand leistest – wenn du freimütig alles gibst und mit jeglichem übereinstimmst, was soll dir dann widerfahren? Jedoch wirst du alles verlieren und es wird NICHTS übrigbleiben, nur die Freiheit!

Der Kreislauf der Natur

Kleinstlebewesen organisieren sich zu komplexen Organismen, um es dem Leben zu ermöglichen das materielle Universum einzunehmen. Kleinere Organismen sind größeren Organismen zum Überleben dienlich. Pilze, Kleinstlebewesen und Bakterien wandeln organische Materie in Humus um, damit Pflanzen wachsen können.

Pflanzen wiederum dienen Tieren zur Nahrung, und Pflanzen und Tieren dem Menschen. Der Mensch wiederum sollte aufgrund seiner intellektuellen Fähigkeit das Leben erkennen und dem Leben selbst dienlich sein.

Das Leben selbst kann nicht vergehen, auch wenn der Organismus den fortwährenden Zyklus von Entstehung, Fortbestand und Vergängnis durchlebt.

Des Universums Spiel

Es ist die Lüge die Dinge bestehen lässt, weil die Wahrheit des Rätsels Lösung war und die Aufgabe somit vergessen ist!

Die Dinge sollen sein, es ist wichtig!

Was passiert mit den Dingen, wenn du deine Meinung dazu änderst – waren diese wirklich jemals wichtig?

Wenn damit übereingestimmt wird ein Spiel zu spielen, ordnet man den Dingen Wichtigkeit zu, da sie sonst verfallen würden.

Den Weg zu gehen

1. Der Seiten wenige habe ich geschrieben, doch es sind die hunderttausend, die dich die Wahrheit erkennen lassen.
2. Menschen werden auf dem Weg mit dir sein.
3. Der Mensch ist von äußerster Dummheit ergriffen. Anstatt zu erfahren und zu messen, beginnt er zu denken. Er misst seinen Gedanken und den Worten anderer mehr Wichtigkeit zu, wie dem was vor sich geht.
4. Der Weg bedarf der Widmung und der Beharrlichkeit.
5. Das Ziel am Ende ist vom Menschen derzeit nicht begreifbar, so voller Größe.
6. Das Ziel ist die Unendlichkeit.

Von Gott zu Mensch

1. Am Anfang erschuf das Nichts* das Etwas*.
2. Mit dem Etwas begann die Zeit.
3. Das Nichts hauchte dem Etwas leben ein, und es ward der Mensch.
4. Das Nichts ist genau das was es ist: NICHTS, hat aber die Fähigkeit alles zu erschaffen.
5. Ebenso wie das Nichts alles aus dem Nichts hervorbringen kann, kann es alles wieder zu nichts machen – so kann das Ende der Anfang sein.
6. Somit gibt es keinen Wert, weder gut noch schlecht, noch richtig oder falsch.
7. Jedoch gibt der Mensch den Dingen einen Wert, weil er denkt, dass er Etwas sei und doch ist er nur ein Teil vom Nichts.
8. Und der Mensch hat seiner Vergangenheit Barrieren aufgelegt, die er als Vergessen bezeichnet.
9. Und die Barrieren sind durch Schmerz geschützt, weil der Mensch versucht den Schmerz zu vermeiden und er ihn nicht konfrontieren kann.
10. Und er hat den Schmerz zuerst verursacht, bevor er ihn erfahren konnte.
11. Und er hat den Schmerz einer anderen Quelle zugeschrieben und das ganze Spiel geriet außer Kontrolle.
12. Und der Mensch ist genau dort gelandet wo er jetzt ist!
13. Und wenn der Mensch den Schmerz konfrontiert und auslöscht, seiner Vergangenheit habhaft wird, kann er selbst der Anfang sein.
14. Und das Nichts kann aus seinen ganzen Teilen zu einem Gesamten zusammengefügt werden.

Anmerkung: Warum diese NICHTS und Etwas Formulierung? Der Mensch sucht immer nach einem Etwas, also nach Materie, welche als wissenschaftliche Beweisführung dienen soll. Er sucht nie nach dem NICHTS, deswegen wird er es auch nie finden – wo doch das NICHTS das Etwas bewegt!

Korollarium:
Zuerst ward Kraft dann Materie, da Kraft Materie formt und zusammenfügt.

Denkanstöße

Anbei noch ein paar Zitate aus dem „heiligen Buch"; Johannesevangelium.

- Das Wort ward Fleisch.
  Im Anfang war das Wort und das Wort war bei Gott und Gott war das Wort.
  Alle Dinge sind durch dasselbe gemacht und ohne dasselbe ist nichts gemacht, was gemacht ist.
- 13,6: „Der Knecht ist nicht größer als sein Herr und der Apostel nicht größer als der, der ihn gesandt hat."
- 6,63a: „Der Geist ist's, der da lebendig macht; das Fleisch ist nichts nütze."
- Psalm 82,6: „Ich habe gesagt ihr seid Götter."
- Wessen Herz ohne Sünde ist, dessen Bitten werden erfüllt werden.

Eine abschließende Frage zu den obigen Zitaten wäre:

„Wenn der Mensch jemals ein Gott war, warum hat er aufgehört ein Gott zu sein?"

Epilog

Religion war dazu gedacht, den Mensch glauben zu lassen und nichts zu ersinnen. Sie gab dem Menschen keinen klaren Weg, keine Straßenkarte und keine Werkzeuge Dinge zu vollbringen.

Doch die Zeit ist vorbei! Die Straßenkarte ist gezeichnet und die Werkzeuge vorhanden um den Weg zu gehen und das Ziel zu erreichen.

Die Zitate aus der Bibel mögen jetzt keinen Sinn machen, aber im Verlauf des Studiums, beim Beschreiten des Weges und dem Anwenden der erlernten Werkzeuge, werden sich die Worte beweisen.

Man muss nur die Augen öffnen.

Die Zeit der Lügen und Unterdrückung ist beendet.

Steh auf und gehe den Weg, den Weg zur Freiheit!

So denn, wenn du auch einen tiefen Groll hegst gegen dass, was dir geschehen ist oder was in dieser Welt vor sich geht, bedenke, du bist ein Teil von dieser, es ist deine Welt!

Kein Gott wird dir den Hass nehmen, es ist dein Glaube daran und letzten Endes bist du derjenige, der an etwas glaubt, es ist lediglich ein Gedanke!

Glossar

Asterisk: Sternchen; kennzeichnet eine Fußnote, also eine Erläuterung oder Anmerkung zu der gekennzeichneten Sache.

Etwas: Materie, Emotionen, Gedanken.

Gedanke: (a) eine Gedächtnisaufzeichnung als Spiegelbild des physikalischen Universums. Die Aufzeichnung enthält alle Wahrnehmungen. (b) Denken bedeutet nun, dass man die Gedächtnisaufzeichnungen oder Teile davon neu zusammensetzt. Man kann nicht über etwas nachdenken, über das man keine Gedächtnisaufzeichnung hat.

invertieren: umwandeln: von gut zu schlecht. funktionsfähig - kaputt, usw..

Kondensatoren: Bauteil zum Speichern elektrischer Energie.

Korollarium: Schlussfolgerung, die auf einer vorhergehenden Aussage beruht.

kultivieren: sich darum kümmern, das Dinge in einen guten, zivilisierten Zustand gelangen.

Nichts: (1) Ein unbestimmtes Kreations- und Bewegungspotential; (2) Die Person selbst, nicht der Körper oder der Verstand. Die des Bewusstseins bewusste Einheit. Sie ist nicht materiell und kann **nicht** sterben. Sie hat keinen Raum, keine Zeit, keine Wellenlänge und keine Energie, ist aber in der Lage Energie zu erschaffen.

Über den Autor

Wolfgang Fries, am 16.01.1966 in St.Wendel/ Saarland geboren. Ich hatte eine reguläre Schulausbildung bis zur mittleren Reife. War Zeitsoldat bei der Bundeswehr, bis ich 1994 ins Handwerk kam.

Im Handwerk zu arbeiten war für mich eine Bereicherung im Leben. Ich konnte gut gesellschaftliche Kontakte knüpfen und war nach getaner Arbeit immer noch gerne gesehen. Es schlossen sich einige Freundschaften und ich fühlte eine soziale Verbundenheit mit meinen Mitmenschen.

Leider musste ich dieses schöne Handwerk aufgeben. Sowie es aussieht können schlechte Dinge auch ihr Gutes haben. Würde ich nicht im Rollstuhl sitzen, hätte ich dies hier wahrscheinlich nie geschrieben. Bei einem verhängnisvollen Unfall mit dem Motorrad brach ich mir die Wirbelsäule und bin seit dem irreparabel querschnittsgelähmt.

Doch es gibt etwas im Leben, was man kennen sollte: **Das Leben selbst.** Bei all der Arbeit die man tut, all dem Spaß den man hat, sollte man dies nie vergessen.

So bin ich nun hingegangen und habe alles aufgeschrieben. Ich selbst sehe es als meine Verantwortung meinen Mitmenschen gegenüber, da keiner zu mir kam, um mir die Dinge so zu erklären, dass ich sie verstehen konnte.

Philosophie des Lebens - Das Buch der Grundlagen -

Was sind die Grundlagen des Daseins? Welche Geisteshaltung bedarf es in der heutigen Zeit um im Leben bestehen zu können, um Glück und Wohlergehen zu erfahren? Was ist wichtig zu wissen?

Der Mensch selbst, als denkendes Wesen ist der Ansicht, dass seine mächtigste Waffe der Verstand ist. Aufgrund seiner Fähigkeit zu denken hat er sich die Erde zum Untertan gemacht. Und tatsächlich, das Denken bestimmt das Handeln des Menschen, der Mensch ist nur so stabil wie sein Gedanke.

Der Gedanke selbst fußt auf Grundlagen die bestimmend dazu sind, wie man überlebt. So versucht der Mensch sich selbst, sein Denken und Handeln, die Welt um sich herum zu verstehen.

Verstehen: Was ist wichtiger als Verstehen selbst?

Grundlagen komprimiert verpackt, in kurzen Texten dargestellt. Mehr als 200 Essays führen den Leser zu mehr Verstehen im Leben und über das Leben selbst, sei es nun über den Menschen, das Denken, Glücklichsein, Beziehung, Lernen, Beruf, den Ursprung von Krankheiten, gesellschaftliches Dasein, Religion, Politik oder Freiheit.

Die Probleme des Menschen werden von der Ursache her geschildert und Lösungen angeboten. Es macht einen Unterschied dieses Wissen zu haben und sich dadurch selbst zu helfen.

„Philosophie des Lebens – Das Buch der Grundlagen" ist der Gesamt-Band welcher die Bücher „Meine Philosophie", „Lernen wie man lernt, lernen wie man versteht", „Eine glückliche Beziehung führen", „Rückführung – Einführung und Kurzanleitung" und ehemals „Im Leben bestehen – Die Bibel des 21sten Jahrhunderts" in einem Buch vereint.

Als Taschenbuch oder als Bibliotheken-Ausgabe im extra stabilen Hardcover-Format und Fadenbindung herausgegeben. Der Gesamtband bestehend aus fünf Teilen: Meine Philosophie; Lernen wie man lernt, lernen wie man versteht; Eine glückliche Beziehung führen; Verstehen: Der Band aus einzelnen Werken; Rückführung – Einführung und Kurzanleitung.

Philosophie des Lebens - Das Buch der Grundlagen -; 656 Seiten, 2017.

ISBN: **978-3-7357-8561-9** - Hardcover
ISBN: **978-3-7460-2923-8** - Taschenbuch